M. ALEXANDRE

POUSSIN PÈRE

PRÉSIDENT D'HONNEUR

de la Société Industrielle.

Les actes d'aucun homme ne meurent complétement. Son corps peut se résoudre en poussière, mais ses actions continuent à porter des fruits selon leur espèce et à influer sur les générations à venir. C'est dans ce fait grave et solennel que consiste le grand péril et la grande responsabilité de l'existence humaine.

(Samuel Smiles.)

ROUEN,

IMPRIMERIE DE E. CAGNIARD.

1870.

M. ALEXANDRE

POUSSIN PÈRE

PRÉSIDENT D'HONNEUR

de la Société Industrielle.

———

Les actes d'aucun homme ne meurent complétement. Son corps peut se résoudre en poussière, mais ses actions continuent à porter des fruits selon leur espèce et à influer sur les générations à venir. C'est dans ce fait grave et solennel que consiste le grand péril et la grande responsabilité de l'existence humaine.

(Samuel Smiles.)

ROUEN,

IMPRIMERIE DE E. CAGNIARD.

1870.

M. Alexandre **POUSSIN** Père.

Quand on étudie la vie entière de M. Alexandre Poussin père, on reconnaît aussitôt combien il était pénétré de cette pensée si profonde et si vraie que nous avons prise pour épigraphe, et combien il en comprenait l'importance. En effet, chacun des actes de son existence, si éminemment utile et si bien remplie, était pour ses concitoyens et pour les siens un exemple à suivre, un enseignement à méditer.

Il avait fait preuve, à cette école d'industrie, d'administration et de probité, dont il était le fondateur, de ces qualités inappréciables qui, mieux et plus sûrement que la richesse, commandent l'estime et la confiance de tous.

Aussi cette haute respectabilité, qui formait comme le couronnement et la gloire de sa vie publique et privée, ne prenait pas sa véritable origine dans cette grande fortune, juste récompense de sa longue et laborieuse carrière, mais bien dans cette légitime influence qu'il s'était acquise par sa droiture en affaires, son inaltérable constance en toutes choses, son honneur commercial éprouvé.

Son existence était de celles qui tiennent une grande place dans l'histoire industrielle de nos cités drapières. Fils de ses œuvres, M. A. Poussin père s'était élevé progressivement au premier rang de nos manufacturiers par son intelligence, son esprit d'ordre et sa persévérance. Il avait créé, à Elbeuf et à Louviers, des établissements considérables, et la réputation hors ligne qui s'attachait à ses produits lui avait assuré dans l'industrie une position privilégiée.

Son jugement droit et ferme en faisait un arbitre souvent choisi par ses concitoyens. Son esprit conciliant et l'aménité de son caractère lui permettaient d'opérer dans ces circonstances délicates ou difficiles certains rapprochements que nul autre que lui n'aurait jamais pu tenter. La grande intelligence qu'il avait des affaires n'était égalée que par sa profonde connaissance du cœur humain. Rien n'échappait à sa pénétrante sagacité; aussi savait-il reconnaître aisément les secrets agissements sous des apparences quelquefois trompeuses. Sa haute position industrielle et la juste considération dont il était entouré contribuaient en même temps à donner à ses conseils et à ses décisions une incontestable autorité.

Tel était le prix qu'on attachait à ses avis, que ceux qui l'approchaient souvent ne voulaient rien faire dans des conjonctures graves ou importantes, sans avoir préalablement son opinion.

Ses vertus privées n'étaient pas moins grandes que les éminentes qualités dont il était doué et qu'il mettait au service de la chose publique et à l'amélioration des classes laborieuses.

Simple dans ses goûts, aimant la vie calme et régulière, il faisait de chaque jour trois parts qu'il consacrait à Dieu, au travail et à sa famille.

Catholique sincère et éclairé, il aimait la religion d'un amour inaltérable, et il pratiquait scrupuleusement les préceptes de N. S. Jésus-Christ et de son Eglise.

Nul ne poussait plus loin le respect de soi-même et le sentiment bien compris de la dignité humaine.

Il savait par lui-même la toute-puissance de l'initiative individuelle qui fait les bons citoyens et les hommes utiles. Vaillant pionnier de l'industrie, il ne s'était pas contenté d'en défricher les champs et de recueillir les fruits de son labeur, il avait voulu que les plus pauvres et les moins instruits pussent à leur tour parvenir à une condition meilleure et atteindre à l'aisance par le travail et l'instruction.

Il comprenait parfaitement que le triomphe de l'industrie n'est assuré dans l'avenir que par son alliance intime avec la science, et il s'était mis résolûment à l'œuvre pour en assurer le succès. La Société industrielle, dont il fut le premier président et l'un des plus zélés fondateurs, était destinée, selon ses vues, à servir puissamment à la transformation progressive des conditions économiques de notre industrie drapière. Il avait été l'un des organisateurs des cours publics et gratuits, et il les soutenait de ses libéralités incessantes. C'est ainsi qu'il aimait à travailler au perfectionnement intellectuel de la classe ouvrière, en même temps qu'il s'occupait de son bien-être matériel.

Jamais patron ne fut meilleur pour ceux qu'il employait ; aussi gardait-il ses ouvriers jusqu'à leur dernière heure. Quand l'âge les rendait impropres au travail, une pension viagère leur permettait de finir leurs jours en paix, sans souci du lendemain.

Sa charité inépuisable s'étendait sur tous ; délicate et discrète, elle fuyait la publicité et s'efforçait toujours de rester ignorée. Mais la reconnaissance de ceux qu'il secourait découvrait toujours cette humaine et mystérieuse providence qui jamais ne leur faisait défaut.

Sans faste et sans ostentation, il était accessible à tous et il n'usait de la richesse que pour profiter du noble et précieux privilége qu'elle possède de tarir les larmes et de secourir l'infortune.

Les établissements de bienfaisance se souviendront longtemps de sa munificence, et ceux-là seuls qui ont éprouvé les effets de son cœur généreux et compatissant, peuvent dire si ses dons cachés ne dépassaient pas ses aumônes ostensibles.

Président de la fabrique de Saint-Jean d'Elbeuf, sa paroisse, il avait contribué puissamment, pendant le cours de sa longue et habile administration, à sa restauration complète. Dans les travaux multiples auxquels la transformation de cet édifice avait donné lieu, il avait été parfaitement secondé par le respectable curé-doyen, M. l'abbé Buisson. Sa sollicitude pour cette église et sa prévoyance

pour son avenir était si grande qu'il lé-
gua, indépendamment d'un autre legs à
sa fabrique, une somme de 100,000 fr.
destinée à son agrandissement ou aux
améliorations nouvelles qu'on voudrait
réaliser ultérieurement.

Dans son humilité chrétienne, il faisait
remonter jusqu'à Dieu la source de sa
fortune, et il aimait à lui en témoigner sa
reconnaissance par des fondations pieuses
et de bonnes œuvres.

Quand la croix de la Légion d'honneur
vint récompenser en lui le grand indus-
triel et le commerçant intègre, cette mar-
que de distinction n'ajouta rien à son
honorabilité ni à sa valeur personnelle.
Il avait depuis longtemps conquis la récompense la plus enviable, c'est-à-dire :
l'affection et le respect de tous.

Aussi sa mort a-t-elle été à Elbeuf
un véritable deuil public. Jamais, de mé-

moire d'homme dans cette ville, on ne vit semblable affluence au convoi d'un simple citoyen, et la présence de tous, sans distinction de rang ni d'âge, témoignait assez de l'immensité de la perte que chacun venait de faire.

Parmi les nombreux legs particuliers faits par lui, se trouve une somme de 50,000 fr., donnée à la Société industrielle, dont il était resté le président d'honneur.

La dernière séance de cette Société empruntait donc son principal intérêt à la communication qui devait être faite par M. Edouard Bellest, son président, de la disposition testamentaire de M. A. Poussin père.

Elle est ainsi conçue :

« Je soussigné, considérant que je suis rede-
« vable après Dieu à la ville d'Elbeuf et à son
« industrie de la prospérité dont j'ai été favo-

« risé ; désirant contribuer à l'affermissement.
« des principes et des conditions de cette acti-
« vité manufacturière à laquelle toutes les clas-
« ses de la société peuvent demander une hono-
« rable satisfaction, déclare donner en toute
« propriété et usufruit, à partir de mon décès,
« à la Société industrielle d'Elbeuf, reconnue
« d'utilité publique, la somme de cinquante
« mille francs, qui sera versée par mes enfants
« dans les six mois qui suivront la date de
« mon décès.

« Je désire que cette somme soit immédiate-
« tement placée en rentes sur l'Etat, nomina-
« tives à l'égard de la Société industrielle, et
« que le produit en soit employé :

« Une partie pour favoriser le cours qui sera
« considéré comme le plus utile ;

« Une partie donnée chaque année, en juin :

« 1° A l'élève le plus studieux ;

« 2° Au fils qui sera reconnu pour être dé-
« voué au soulagement de ses parents ;

« 3° Au père qui aura su conserver dans sa
« maison et par ses soins l'esprit de famille. »

Aussitôt après cette lecture, M. E. Bellest, an nom du conseil d'administration de la Société, a mis aux voix la délibération suivante, qui a été adoptée à l'unanimité :

« Considérant que M. Alexandre Poussin
« père a été l'un des fondateurs et le premier
« président de la Société industrielle d'Elbeuf ;

« Considérant que le legs de 50,000 fr. qu'il
« a fait par un testament assure à tout jamais
« l'existence de notre compagnie et acquiert à
« son auteur, par ce nouveau bienfait, des
« droits à la reconnaissance de tous ;

« Considérant que dans la remarquable ré-
« daction de son testament, il prouve, par ses
« réflexions, toute la sollicitude dont il entou-
« rait toutes les classes de la société elbeu-
« vienne, en rendant hommage à sa merveil-
« leuse activité ;

« Considérant que l'attribution des revenus
« de son legs a une portée toute morale et ci-
« vilisatrice, et qu'en chargeant la Société
« industrielle de cette mission, il en résulte

« pour elle un accroissement d'importance que
« nul ne saurait méconnaître,

« La Société industrielle, voulant donner
« un vif témoignage de reconnaissance à la
« mémoire de M. Alexandre Poussin et perpé-
« tuer à tout jamais le souvenir de ce grand
« événement, décide :

« Qu'une commission sera nommée en vue
« d'obtenir les résultats suivants :

« 1° L'acquisition du buste de M. A. Poussin,
« qui sera installé dans le lieu de ses séances;

« 2° La rédaction de la notice biographique
« de son bienfaiteur. »

Le testament de M. A. Poussin n'ayant
rien spécifié à l'égard des droits de muta-
tion afférents à ses legs particuliers, ses
enfants se sont empressés d'écrire qu'ils
croyaient être les interprètes de la pensée
de leur honorable père, en prenant à leur
charge tous les frais auxquels ils pour-
raient donner lieu.

Cette nouvelle libéralité, toute spontanée de la part des héritiers de M. A. Poussin, est venue s'ajouter aux dons de leur auteur et en doubler le prix.

Aussitôt après cette communication, tous les membres présents ont décidé par acclamation qu'ils s'associeraient individuellement à la délibération qui avait été prise, afin de rendre cette manifestation plus imposante encore et témoigner davantage de la gratitude dont ils étaient pénétrés envers M. A. Poussin père et ses enfants.

La ville d'Elbeuf a également tenu à honneur de payer son tribut à la mémoire de M. A. Poussin. Dans sa séance extraordinaire du 28 de ce mois, son Conseil municipal a pris à l'unanimité une délibération d'après laquelle la rue dite de Grande-Jonction, l'une des trois plus grandes artères de la cité, prendra désormais le nom de rue Poussin.

En esquissant à grands traits les droits acquis par M. A. Poussin à la reconnaissance de ses concitoyens, nous n'avons pas cru faire un panégyrique. Nous nous sommes bornés à résumer les sentiments de nos populations manufacturières. Cet excellent homme de bien n'avait pas voulu qu'il fût prononcé de discours sur sa tombe, il préférait que sa mémoire aimée et vénérée fût perpétuée par ses bienfaits et qu'elle pût être ainsi transmise intacte et pure aux générations à venir.

Ernest BOUCHET.

Elbeuf, 30 décembre 1869.

9 782012 970298